DE LA REPRÉSENTATION

DES

OBLIGATAIRES

DES COMPAGNIES DE CHEMINS DE FER
ET AUTRES SOCIÉTÉS ANONYMES

ÉTUDE DE DROIT FRANÇAIS ET COMPARÉ

PAR

STÉPHANE MOULIN
AVOCAT, DOCTEUR EN DROIT

Extrait de la REVUE CRITIQUE DE LÉGISLATION ET DE JURISPRUDENCE.

PARIS
LIBRAIRIE COTILLON
F. PICHON, SUCCESSEUR, ÉDITEUR
LIBRAIRE DU CONSEIL D'ÉTAT ET DE LA SOCIÉTÉ DE LÉGISLATION COMPARÉE
24, RUE SOUFFLOT, 24

1898

DE LA REPRÉSENTATION

DES

OBLIGATAIRES

DES COMPAGNIES DE CHEMINS DE FER

ET AUTRES SOCIÉTÉS ANONYMES

DE LA REPRÉSENTATION

DES

OBLIGATAIRES

DES COMPAGNIES DE CHEMINS DE FER

ET AUTRES SOCIÉTÉS ANONYMES

ÉTUDE DE DROIT FRANÇAIS ET COMPARÉ

PAR

STÉPHANE MOULIN

AVOCAT, DOCTEUR EN DROIT

Extrait de la REVUE CRITIQUE DE LÉGISLATION ET DE JURISPRUDENCE.

PARIS

LIBRAIRIE COTILLON

F. PICHON, SUCCESSEUR, ÉDITEUR

LIBRAIRE DU CONSEIL D'ÉTAT ET DE LA SOCIÉTÉ DE LÉGISLATION COMPARÉE

24, RUE SOUFFLOT, 24

1898

DE LA REPRÉSENTATION

DES

OBLIGATAIRES

DES COMPAGNIES DE CHEMINS DE FER

ET AUTRES SOCIÉTÉS ANONYMES

Quand une société anonyme émet un emprunt, les rapports de droit qui naissent entre les obligataires et cette société, peuvent se présenter sous deux aspects différents; l'émission semble changer de caractère, selon qu'on la considère au point de vue actif ou au point de vue passif.

Au point de vue passif, il semble qu'il n'y ait qu'une dette, l'emprunt. La société qui emprunte divise son emprunt en fractions définies et égales; elle règle une fois pour toutes et d'une façon générale, dans l'acte ou la délibération autorisant l'émission, les modalités de la créance et son remboursement.

Mais d'autre part l'emprunt, par sa nature, s'adresse au public; il doit se répartir entre un nombre de personnes indéfini, ordinairement inférieur, mais qui peut être égal au nombre même des obligations. Il y a donc nécessairement plusieurs créanciers, et l'on est en droit de se demander si le titre de chacun d'eux ne constitue pas une créance distincte, née du fait de la souscription, et conférant à chaque souscripteur d'une ou plusieurs obligations un droit ou une série de droits indépendants. Suivant que l'on adoptera l'une ou l'autre opinion, l'ensemble des possesseurs de titres se présentera vis-à-vis de la société débitrice, comme un tout impartageable, sans individualités distinctes, ou au contraire, le droit personnel de chaque obligataire apparaîtra comme se suffisant à lui-même, et pour la mise en œuvre de ce droit, les voies de procédures seront ouvertes à chaque porteur de titre.

Il est difficile de déterminer laquelle de ces deux perspectives doit l'emporter et constituer, sinon la règle générale, du moins le droit commun.

Le docteur Meili dans ses recherches sur la nature juridique des obligations partielles (1), si fréquentes aujourd'hui, penche vers le dernier de ces deux systèmes. D'après lui, les rapports existant entre un porteur d'obligations et la Compagnie débitrice de l'emprunt, ne sont plus ceux de deux particuliers dans la vie ordinaire. Le créancier n'a pas l'intention d'entrer en communication personnelle avec la Compagnie, et d'un autre côté, la Compagnie ne saurait avoir à faire à des créanciers qu'elle ne connaît pas, dont le nombre est très grand, et le domicile souvent ignoré. Leur individualité disparaît donc devant l'ensemble de la dette.

Il s'en suit que la volonté de l'individu n'est plus souveraine. Elle se trouve pour ainsi dire amoindrie et subordonnée à la volonté de l'ensemble des prêteurs, dans la mesure où les intérêts communs l'exigent. Le porteur « dont les intérêts sont liés par « une chaîne invisible à ceux des autres porteurs qui se trouvent « dans les mêmes conditions que lui, » doit abdiquer la liberté de ses décisions en ce qui concerne la manière dont ces intérêts pourront être le mieux défendus.

M. Thaller a tout récemment soutenu la même thèse dans les annales de Droit commercial (2).

M. Secrétan soutient la théorie contraire (3) après le professeur Cohn (4). Les obligataires, dit-il, ne sont pas des associés;

(1) *Das Pfand und Konkursrecht der Eisenbahnen*, p. 87 et *passim*, Leipsig, 1879.

(2) *Annales de Droit commercial*, 1894, p. 63.

(3) Secrétan, *De l'hypothèque sur les chemins de fer*, Lausanne, 1889.

(4) Voir Endemann, *Handbuch des deutschen Handels See und Wechselrechts*, t. III, p. 875. M. Cohn assimile la situation de ceux qui participent au capital obligation à celle des acheteurs de parcelles divisées d'un même terrain, qui seraient tous évincés, et exerceraient leur recours contre le vendeur.

tout titre au porteur d'obligation partielle est une créance dont le titulaire peut poursuivre l'exécution. C'est une promesse faite au porteur de payer à l'échéance, promesse qui crée un lien juridique indépendant de celui qui peut unir la société débitrice à l'ensemble des obligataires. L'argument de M. Meili, poussé à l'extrême, conduirait tout simplement à rendre la minorité dépendante de la majorité, à créer entre tous les obligataires une solidarité de fait qui n'est, ni dans l'intention des emprunteurs, ni même dans celle des prêteurs.

Ces deux théories sont, à vrai dire, trop absolues.

Le professeur Haberer dans la remarquable analyse qu'il nous donne des emprunts de priorité (*Prioritätschuld*) (1), tout en adoptant, en principe, la théorie du docteur Meili, y apporte de notables tempéraments. Sans doute prétend-il, il faut s'attacher, pour connaître la nature juridique d'un emprunt et pour déterminer les règles applicables à la souscription, à la seule personne du *débiteur;* mais, si c'ést là le droit commun, rien n'empêche les obligataires d'exercer dans certains cas leurs droits d'une façon distincte, lorsque la chose est possible et qu'elle a été stipulée : « L'ensemble des possesseurs de titres qui restent individuelle- « ment inconnus à la société, représente la masse des créanciers. « Cette masse se présente vis-à-vis de la société comme un tout « impartageable. Les droits individuels de chaque créancier ne « peuvent être exercés distinctement contre la société, à moins de « conventions spéciales telles que le paiement des intérêts d'une par- « tie des obligations, le refus de paiement, ou le paiement partiel « d'une autre partie... C'est dans ce dernier cas seulement que « le droit de poursuivre sa créance contre la société compète au « porteur du titre; dans tous les autres cas, la voie de procédure « n'est ouverte qu'à la masse des créanciers. »

Si cette théorie de l'unité de la créance est admise, elle appelle, comme corollaire, la représentation légale de la personnalité qu'elle érige; on ne peut paralyser les droits individuels des porteurs de titres, qu'en donnant un représentant à leurs

(1) *Das Œsterreichische Eisenbahnrecht,* Von Dr Théodore Haberer, *Wien Pest.*, Leipsig. — *A. Hartleben's verlag,* 1885.

intérêts collectifs. Aussi le professeur Haberer reconnaît-il au porteur de tout titre, dans tous les cas où il s'agit d'une difficulté pour la solution de laquelle les stipulations de l'emprunt n'ont pas ouvert au prêteur un recours individuel, le *droit à la protection légale* de ses intérêts.

Ce droit se traduit par le droit à une représentation.

En supposant qu'en France on ait pu discuter cette théorie fondamentale de l'unité de l'emprunt, lorsqu'il s'agit d'emprunts purement chirographaires, il semble bien difficile de persister dans cette opinion lorsqu'il s'agit d'un emprunt hypothécaire.

L'existence du droit réel fait ici reconnaître d'une façon très nette le caractère unique de la créance.

En vain prétendrait-on que toute souscription fait naître entre la Compagnie et le souscripteur un rapport défini de droit; que ce rapport se soutient par lui-même sans supposer l'existence de co-créanciers; que tout souscripteur étant nominativement engagé, la Compagnie doit l'être vis-à-vis de lui dans les mêmes conditions; on ne peut aller jusqu'à prétendre qu'il y ait autant d'hypothèques que de titres, et que le droit réel adhère *in integrum* à chaque fraction divise de l'emprunt, suivant les règles du droit commun.

La notion même d'une hypothèque conférée à la garantie d'un emprunt, crie contre une pareille opinion, et nous verrons que les législations sont unanimes à la repousser. La société consent une hypothèque à la garantie de son emprunt, et nullement une hypothèque à chaque obligataire. Cette hypothèque unique n'assure jamais, quoi qu'il puisse advenir, de préférence entre les créanciers d'un même emprunt; elle ne peut jamais être mise en œuvre d'une façon divise; et les règles imposées pour son établissement, sa conservation ou sa réalisation, quelque variables qu'elles puissent être suivant les pays, d'accord en cela avec la nature des choses, impliquent toujours l'unité de l'hypothèque, et comme conséquence l'unité de la créance qui la soutient.

Qu'on le veuille ou non, on voit dès lors réapparaître la nécessité d'une représentation. L'emprunt se dégageant de la personnalité des emprunteurs comme être moral distinct, doit avoir son organe propre, et il est du devoir du législateur d'organiser cette représentation, sauf à respecter dans la mesure possible les modifications que pourraient y apporter les termes d'un mandat formel.

On a parfois critiqué l'intervention, en pareille matière, du pouvoir législatif ou même des tribunaux. Si les obligataires sont personnellement et légalement incapables, dit-on, la loi pourvoit à leur représentation comme tels; s'ils sont personnes majeures maîtresses de leurs droits et en état de les exercer, toute représentation qui n'émanerait pas des clauses d'un contrat et par suite de leur volonté expresse, constituerait de la part de l'autorité un empiétement sur leur initiative et leur liberté (1).

Ces raisons sont fallacieuses et la théorie autrichienne que nous venons d'étudier ne saurait en être la dupe. Elle rétablit la question sur son véritable terrain. Il n'est pas question de savoir quels sont les droits de l'autorité, lorsqu'il s'agit de sauvegarder les intérêts de personnes capables... ce n'est pas pour suppléer à l'initiative des obligataires eux-mêmes qu'il faut organiser une représentation légale ou judiciaire des souscripteurs d'un emprunt, c'est seulement dans le cas où cette initiative, par suite de raisons extérieures dues à l'indivisibilité objective de l'emprunt, se voit, comme le dit le professeur Haberer, paralysée par l'existence de droits égaux et semblables..., ce qui se produit chaque fois qu'il faut prendre un parti sur l'opportunité d'une mesure relative à la conservation ou à la mise en œuvre du droit réel.

La centralisation des poursuites s'impose comme en cas de faillite..., aussi a-t-on parlé d'utiliser en notre matière la représentation par le syndic ou par le liquidateur.

Mais il saute aux yeux que cette représentation est insuffisante.

Pendant la durée normale de la société, cette représentation n'existe pas, c'est pourtant à ce moment-là, c'est-à-dire avant la faillite, que la société doit pouvoir traiter avec les obligataires, modifier les clauses de l'emprunt, concéder à ses créanciers des garanties spéciales, plaider contre eux enfin, sans être obligé de

(1) Voir à ce sujet une plaidoirie de M. Verslaer en note d'un arrêt de cassation de la cour de Bruxelles du 19 fév. 1884, S. 1885. 1. 69.

*

les mettre tous en cause à peine de voir ses traités ou ses jugements méconnus par ceux d'entre eux qui n'auraient pas été parties ou représentés par un mandataire.

C'est à ce moment-là que les obligataires doivent avoir un représentant qui les engage, qui accepte pour eux toutes les stipulations faites à leur profit, et qui prenne tous les moyens nécessaires à la conservation des garanties concédées... inscriptions, significations et autres.

Mais, même alors que cette représentation existe, c'est-à-dire après la faillite ou la liquidation, elle est insuffisante, le syndic ne peut pas représenter les créanciers privilégiés ou hypothécaires. Le syndic ou le liquidateur agit en effet, au nom de la masse des créanciers chirographaires, et cette masse est en opposition d'intérêts évidente avec quiconque prétend échapper à la loi du concours. Si parfois ce représentant légal peut agir pour les créanciers privilégiés, c'est seulement lorsqu'il s'agit de l'intérêt exclusif de ces derniers, et que la masse chirographaire est étrangère à la contestation. (Motifs sur arrêt de la Cour de cassation du 19 février 1894).

Au surplus, les créanciers à emprunts garantis par des sûretés réelles d'ordre différent peuvent avoir des intérêts opposés. Il importe que chaque emprunt, qui concentre des intérêts absolument distincts, ait aussi sa représentation spéciale.

Il a donc fallu chercher les moyens d'organiser une représentation conventionnelle. On a essayé à la fois du mandat et du contrat de la société.

Il n'est pas interdit de stipuler dans une émission, comme condition de la souscription, que les droits attachés à l'obligation seront jusqu'au remboursement exercés par les souscripteurs originaires, ou par des tierces personnes. Lorsque des obligations ainsi souscrites sont ensuite transmises ou jetées sur le marché des valeurs, ceux qui les achètent sont tenus de plein droit à l'exécution des conditions de l'emprunt.

Cette stipulation, faite par des personnes capables, s'impose à tous les obligataires futurs, fussent-ils eux-mêmes incapables..., il y a là un mandat anticipé, nécessaire, condition d'un contrat synallagmatique, établi dans l'intérêt des tiers, et qui doit, comme tel, rentrer dans la catégorie des mandats irrévocables.

Toutefois, cette représentation statutaire et forcée, peut présenter de graves inconvénients.

Les administrateurs et représentants nommés doivent avoir des pouvoirs définis. Ces pouvoirs, donnés une fois pour toutes, le mandataire peut en user contre le gré des obligataires et sans leur concours. D'autre part, les circonstances qui ont dicté les pouvoirs des administrateurs peuvent changer, amener la nécessité d'étendre ou de restreindre ces pouvoirs. Tout cela est impossible. Comment peut-on songer, en effet, à réunir tous les obligataires pour obtenir leur consentement unanime, nécessaire aux modifications du mandat? Et jusqu'à quel point pourrait-on modifier, sans attenter aux droits de la société débitrice ou des tiers, un mandat sur la foi duquel ils peuvent avoir traité un mandat nécessaire?

Enfin les administrateurs peuvent mourir, et les conditions prévues pour leur remplacement se trouvent faussées. Comment dès lors nommer de nouveaux mandataires en dehors des conditions prévues par l'émission?

Aussi trouvons-nous fort peu de représentations de ce genre dans l'histoire des Sociétés. Nous signalerons cependant un essai très curieux dans ce sens, tenté à propos de l'une des rares émissions en France, d'emprunts garantis par une hypothèque sur un chemin de fer. Il s'agit de l'emprunt hypothécaire sur la ligne d'Andrezieux à Roanne, émis par la Société reconstituée des chemins de fer de la Loire.

L'art. 14 des statuts, relatif aux émissions hypothécaires, était ainsi conçu : « Pour la conservation et l'exercice des droits résultant en faveur de tous porteurs de coupons, tant du jugement d'adjudication que du présent traité, trois commissaires seront chargés de représenter la généralité des porteurs de coupons; ces commissaires surveilleront l'exécution, de la part de la Compagnie reconstituée, de tous ses engagements, ils donneront main-levée et se désisteront de tous privilèges, hypothèques et inscriptions... Ils exerceront toutes poursuites judiciaires, au nom de la masse, dans les limites les plus étendues, et jusqu'à l'expropriation. Toutefois ils ne pourront aux termes de l'art. 7 du Concordat, former des oppositions, ou exercer des poursuites de saisie sur le chemin de fer, qu'une année après l'échéance, soit d'un terme d'intérêts, soit d'une annuité pour l'amortissement. Par suite, il est interdit aux porteurs de coupons d'exercer des poursuites ou de faire des oppositions individuelles. »

« Les pouvoirs des commissaires sont irrévocables, ils agiront valablement à la majorité. »

« En cas de décès, d'absence, de mission ou d'empêchement d'un commissaire, il sera pourvu à son remplacement par les deux autres. En cas de dissentiment entre eux, le Président du Tribunal de commerce de la Seine pourvoira à ce remplacement. »

« Il en serait de même si les deux commissaires venaient à manquer à la fois (1). »

Cette représentation était à la fois opposable à la Société, comme intervenue dans un acte auquel elle était partie, aux obligataires primitifs comme une condition de leur souscription, aux obligataires ultérieurs comme une condition de la cession par endos qui les investissait.

Il était, du reste, expressément stipulé que les dispositions de l'art. 14 seraient considérées comme une condition du consentement donné par la Compagnie reconstituée à la division de la créance par coupons.

Le mandat statutaire ainsi compris diffère sensiblement de la théorie autrichienne de la représentation des créanciers. Alors que dans cette dernière théorie la concentration des droits est la règle et leur exercice privatif l'exception, dans les statuts que nous venons de voir, c'est l'exercice privatif des droits des obligataires qui constitue la règle, la concentration de ces droits est une exception et doit être convenue.

Cela tient à ce que jamais la loi française n'a édicté, comme

(1) Ces clauses étaient reproduites *in extenso* sur les titres d'obligations de la Compagnie reconstituée des chemins de fer de la Loire (Andrezieux à Roanne), aujourd'hui fusionnée avec la Compagnie des chemins de fer de Paris-Lyon-Méditerranée. Quelques obligations de ce type primitif sont encore en circulation.

la loi autrichienne, une représentation légale et obligatoire des créanciers d'un emprunt; elle a toujours reculé devant une pareille initiative. On doit, par suite, à défaut de convention, et toutes les fois qu'il est possible, demeurer sous le droit commun qui est la division de l'emprunt.

Toutefois, quelle que soit la théorie de laquelle on part, l'admission des exceptions atténue leurs différences.

Malheureusement, il est matériellement impossible de prévoir dans des statuts tous les mille détails d'une représentation collective; il faudrait pour cela connaître l'avenir. On se trouve donc, dans un mandat statutaire, entre la crainte de donner aux mandataires des pouvoirs trop considérables et le danger de leur donner des pouvoirs insuffisants.

Il serait donc à désirer, puisque la loi n'en n'a pas pris le soin, que les créanciers puissent eux-mêmes modifier et réorganiser, sur des bases appropriées aux circonstances, leur représentation collective au cours de la vie sociale, postérieurement aux émissions des emprunts, au fur et à mesure que le besoin s'en ferait sentir.

Une pareille association donnerait une base plus élastique aux pouvoirs conférés aux administrateurs. Les mandants pourraient, dans des assemblées générales dont le *quorum* et les majorités seraient préétablis, modifier les pouvoirs du mandat, procéder au remplacement des mandataires qui auraient perdu leur confiance, augmenter ou diminuer leurs pouvoirs selon les nécessités du moment, contrôler leur gestion au fur et à mesure qu'elle s'exerce, leur demander des comptes.

Par ces représentants, les obligataires pourraient même organiser une surveillance effective sur la gestion des biens de leur créancier, c'est-à-dire de l'actif social.

Enfin cette représentation couperait court à toute objection que l'on pourrait essayer de tirer de l'art. 2003 à l'occasion du mandat statutaire (1).

(1) Il est très regrettable que M. Clausel de Coussergue, l'éminent rapporteur de la Commission chargée d'examiner le projet de réforme du Code de commerce (Titre des Sociétés), n'ait pas cru devoir presenter une théorie complète de la représentation des obligataires, au lieu de restreindre la réforme, en ce qui nous concerne, au nouvel art. 68.

Nous avons été à même de remarquer, ces dernières années, une tendance très marquée des capitalistes vers ce genre de représentation, soit à l'étranger, soit en France. Elles se présentent sous les noms d'Associations ou de Syndicats d'obligataires.

Chez nous, de nombreuses difficultés se sont élevées à l'occasion de ces Associations ou Syndicats.

Dans quelles conditions les obligataires pouvaient-ils constituer en dehors des statuts une association pour la défense de leurs droits? Cette association constituerait-elle une société de commerce ou tout au moins une société civile, telle qu'elle est définie par l'art. 1832? Pouvait-on valablement dans les statuts de l'association instituer une assemblée générale chargée notamment de nommer un conseil d'administration, une assemblée dont les décisions prises conformément aux statuts engageraient les membres de l'association absents ou dissidents ?

La solution de toutes ces questions avait été soumise à nos deux éminents maîtres, MM. Charles Lyon-Caen et Martini, à l'occasion de la constitution d'un syndicat des obligataires de la Compagnie française des chemins de fer de la province de Santa Fé, et nous ne saurions mieux faire que de rappeler dans ses grands traits leur consultation du 31 mars 1892.

« La faculté pour des obligataires d'une société de commerce, disent-ils, de convenir qu'ils s'associent pour la défense de leurs intérêts en commun est incontestable, c'est une conséquence certaine et heureuse du principe élémentaire de la liberté des conventions. C'est grâce à cette liberté, que nous voyons si fréquemment de nos jours, des personnes ayant un intérêt commun à conserver ou à défendre, former des groupements sous le nom de syndicats. La liberté dont s'agit ne disparaîtrait qu'autant que de telles conventions auraient un objet contraire à la loi.

« Quant à la nature légale de cette association, elle est plus difficile à déterminer, ce n'est ni une société de commerce, ni même une société civile, c'est une association. »

« Il n'est pas douteux que ce n'est pas une société de commerce, D'après une jurisprudence très rationnelle, aujourd'hui bien établie, une société est commerciale quand elle a pour objet l'un des actes de commerce dont les art. 632 et suivants du Code de commerce donnent l'énumération. Or le but normal de l'association ne comporte aucun de ces actes. »

« La Convention conclue entre les obligataires ne peut même être une société civile. Une société est, aux termes de l'art. 1382 du Code civil, un contrat par lequel deux ou plusieurs personnes conviennent de mettre quelque chose en commun dans la vue d'un bénéfice qui pourra en résulter. Pour qu'il y ait société au sens légal du mot, il faut : 1° que chaque associé fasse un apport ; 2° que le but des associés soit de réaliser des bénéfices en argent à répartir entre eux. »

« Or, une convention formée pour la conservation des intérêts collectifs des obligataires ne satisfait à aucune de ces deux conditions ; il n'y a pas d'apport, car il est bien évident que chaque associé conserve, à titre exclusif, les obligations qui lui appartiennent ; puis leur but n'est pas d'acquérir et de partager des bénéfices, mais d'arriver en s'unissant à exercer leurs droits plus efficacement et à moins de frais. »

« Mais de ce qu'elle n'est pas une société, l'association n'est pas nulle pour cela ; elle est autre chose voilà tout, et la Chambre civile de la Cour de cassation a reconnu le caractère licite d'une association d'obligataires dans un arrêt du 3 décembre 1889 (1). »

« D'autre part, la liberté même dont jouit la rédaction des statuts de ces associations permet de donner à ces associations tels organes qu'on jugera utile, de les constituer à sa guise et de leur attribuer les rôles qu'on croit bons. Il est donc certain que ces statuts peuvent établir une assemblée générale, et cette assemblée choisir des représentants de l'association qui formeront un conseil d'administration ; seulement les statuts devront déterminer quelle sera la composition de l'assemblée générale, si tous les obligataires y seront ou non admis, si chacun aura une voix, ou un nombre de voix proportionnel à celui de ses obligations, quel sera le *quorum* nécessaire à la validité des délibérations, quels seront les pouvoirs de l'assemblée générale, quelle sera la majorité requise pour la validité de ses délibérations. La loi du 24 juillet 1867 sur les sociétés, ni aucune autre loi, ne résout

(1) D. P. 1890. 1. 105 ; *Journ. du Pal.*, 1890. 1. 280.

en effet, pour les associations, toutes ces questions qui pourraient être litigieuses si les statuts gardaient le silence sur elles. »

« Les administrateurs choisis conformément aux statuts par l'assemblée auront tous les pouvoirs que ces statuts indiqueront. C'est un droit incontestable pour les personnes qui forment soit une société au sens légal du mot, soit une association, de choisir uu ou plusieurs mandataires chargés de les représenter. »

Cette idée a été mentionnée par la Chambre civile de la Cour de cassation dans l'arrêt que nous venons de citer; elle indique très bien que le droit pour les représentants d'une association d'obligataires d'agir pour celle-ci est incontestable. On lit en effet dans l'arrêt : « Attendu que, sans avoir à rechercher si cette association présente ou non tous les caractères d'une société civile, l'acte qui la crée confère tout au moins valablement à son directeur le mandat de représenter les associés dans les limites de l'intérêt mis en commun. »

Toutefois une question plus délicate s'est élevée sur le droit des administrateurs d'ester en justice.

En vertu de l'ancienne règle *nul ne plaide en France par procureur,* quand un mandataire joue le rôle de demandeur devant un tribunal Français, il faut que tous les mandants figurent en nom dans la procédure et que la signification des actes à faire à personne ou au domicile, soit faite à chacun d'eux ou au domicile de chacun d'eux. De là une source de complications, de lenteurs et de frais.

La règle de procédure ne conduit pas à de fâcheux résultats, quand c'est au nom d'une personne civile qu'un mandataire este en justice; la partie en cause est la personne morale, il suffit d'indiquer son nom dans les actes de procédure et ils sont signifiés à celui qui la représente. C'est là ce qui s'applique aux sociétés de commerce, autres que les associations en participation, et aux sociétés civiles qui, selon un arrêt de la Chambre des requêtes du 23 février 1891 (1), constituent, comme les sociétés de commerce, des personnes morales.

Au contraire la règle *nul ne plaide...* s'applique aux associa-

(1) D. P. 1891. 1. 337.

tions qui ne sont ni sociétés de commerce, ni sociétés civiles; elle s'appliquera donc aux associations d'obligataires, qui, n'étant pas des sociétés et n'ayant pas de personnalité civile, n'ont pas une individualité distincte de celle des membres qui la composent.

Il est fort heureusement possible d'éviter les fâcheux résultats produits par l'application de cette règle. La maxime, en effet, n'est pas d'ordre public, elle ne peut être opposée que par l'adversaire et doit être formellement opposée par lui. Il sera donc possible à la Société débitrice d'y renoncer.

Cette renonciation devra être expresse, pour une association postérieure aux statuts et non prévue par eux; elle devra être consentie régulièrement par la Société débitrice (1).

La loi du 1er août 1893 n'a pas diminué, comme on pourrait le croire, la partie pratique de cette consultation.

Son but est de soumettre aux règles commerciales (notamment celles sur la faillite et la tenue des livres) toute société anonyme ou en commandite par actions qui se constitue suivant les règles du Code de commerce (2).

Si les syndicats d'obligataires étaient des sociétés, même des sociétés civiles, on pourrait leur appliquer la loi, leur reconnaître une personnalité, les soumettre au titre III du Code de commerce; mais il ne faut pas oublier que la définition que nous avons donnée de cette association ne correspond même pas à celle que le Code civil donne des sociétés, puisque nous ne trouvons ni apport mis en commun, ni profit à réaliser. On peut donc très sérieusement douter que la loi nouvelle comprenne ces syndicats dans sa sphère d'application.

(1) La consultation de MM. Martini et Lyon-Caen a permis la constitution régulière de l'Association des obligataires de la Société française des chemins de fer Argentins de la province de Santa Fé. (Acte devant Me Rigault, notaire à Paris, du 20 avr. 1892.)

Elle a inspiré encore divers projets de Syndicats d'obligataires, notamment le projet d'Association formé entre les porteurs des obligations nouvelles (émises postérieurement au concordat) de la Société métallurgique de l'Ariége.

(2) Rapport de la Commission présidée par M. Clausel de Coussergue, Chambre des députés, 5e Législature, session de 1892, n° 2066.

; Du reste, comme l'a fait remarquer M. Lyon-Caen, cet assujettissement, s'il existait, comprimerait la liberté dont on peut user dans la rédaction des statuts de ces syndicats, et ils n'auraient pas gagné beaucoup à cette réglementation. Le bénéfice le plus important aurait été l'octroi de la personnalité civile, et nous savons que le consentement de la société débitrice peut écarter l'application de la règle « nul ne plaide par procureur », principal avantage de cette personnalité.

Quelque avantageuse que soit la représentation des obligataires par les moyens d'une association ainsi comprise, elle présente cependant des inconvénients. Si cette association n'est pas contemporaine de l'emission et n'en forme pas comme une partie intégrante, une adhésion formelle aux statuts est nécessaire. Or cette adhésion peut être difficile à se procurer dans les conditions de généralité voulues, elle n'est même pas toujours possible, ce semble, si parmi les obligataires se trouvent des incapables. Sans doute il n'y a nul obstacle à ce que la société soit formée entre quelques-uns, avec convention que de nouvelles adhésions seront possibles, dans l'avenir, de la part d'autres obligataires; sans doute, la société une fois formée, on peut stipuler que l'obligataire qui aura cédé son titre, cessera de faire partie de l'association, mais que ses propres cessionnaires ou représentants en feront partie à sa place, par le fait même de la transmission du titre; mais en supposant que cet engagement lie les cessionnaires ultérieurs incapables, il reste toujours douteux que les obligataires incapables au moment de la constitution de la société puissent y rentrer comme tels.

Comment éviter ces inconvénients, en conservant à la représentation des obligataires son caractère conventionnel? Une disposition législative seule, organisant cette représentation sur les bases jugées le plus favorables aux intérêts du public, peut l'imposer en dehors d'une adhésion formelle des intéressés.

A défaut de disposition de ce genre, les obligataires qui ne font point partie de l'association restent maîtres de leurs droits, peuvent les exercer en temps inopportun, et gêner, par une action inutile ou même nuisible, l'intérêt bien entendu de la masse des obligataires.

Le chemin de cette importante réforme a été tracé, dans un cas spécial, par une loi du 1er juillet 1893, relative à la liquidation de la Compagnie universelle du canal interocéanique de Panama.

Cette loi centralise les poursuites intentées par les obligataires contre la liquidation ou les administrateurs, aux mains d'un mandataire spécial dont elle réglemente la nomination et les pouvoirs (1). Ce mandataire peut, au cas d'opposition d'intérêts entre les divers groupes d'obligataires, être remplacé par un ou plusieurs mandataires *ad hoc*, nommés dans la même forme ; mais ce n'est que dans des cas tous spéciaux et rigoureusement déterminés (art. 2, § 3) qu'un recours judiciaire reste ouvert aux obligataires à titre individuel.

DROIT ÉTRANGER

Dans certains pays, avons-nous dit, la loi a pris elle-même le soin d'organiser la représentation des créanciers.

En parlant d'un droit des créanciers hypothécaires à une représentation légale, en Autriche, le professeur Haberer n'a fait qu'appliquer une loi du 24 avril 1874 (2), qui était venue organiser cette représentation pour tous les propriétaires d'obligations au porteur ou à ordre (3).

Cette loi, dans le but d'éviter aux porteurs isolés des poursuites trop coûteuses et des décisions opposées dans une même espèce, décida (art. 10) que si, pour garantir un emprunt, il était émis des *inscriptions partielles de dettes au porteur ou à ordre* (obligations partielles, obligations de priorité, etc.), « le tribunal

(1) Ces pouvoirs sont du reste aux termes de l'art. 5, tit. II, les plus étendus possible, puisqu'ils comportent le droit pour le mandataire de transiger ou se désister, après avis de trois jurisconsultes désignés par le Procureur de la République.

(2) Gesetz betreffend die gemeinsame Vertretung der Rechte der Besitzer von auf Inhaber lautenden, oder durch Indossament übertragbaren Teil schuldverschreibungen, und die bücherliche Behandlung der für solche Teilschuldverschreibungen eingeraümten Hypothekärrechte. — *Reichgesetzblatt*, nos 48 et suiv..

(3) *Revue de Droit intern. et de législation comparée*, t. VII, 1876, p. 506 et suiv.

devrait désigner pour les porteurs de ces obligations un *curateur* chargé d'intenter les procès intéressant l'emprunt, dans tous les cas où les droits des porteurs seraient compromis faute d'une représentation commune, tout spécialement au cas de faillite déclarée de la personne obligée par ces inscriptions de dette partielle. »

Aux termes de l'art. 2, ce curateur est responsable dans les limites de ses attributions, fort étendues du reste, et conformément aux lois générales sur la curatelle... les créanciers ne conservent, à côté de ceux de leurs droits dont l'exercice est confié au curateur, que le droit de se présenter comme intervenants.

L'institution de ces curateurs ne donna pas tout d'abord les résultats favorables qu'on en espérait, et il paraît que les créanciers ne réussissaient pas mieux que jadis à faire valoir leurs droits. Les pouvoirs de ces mandataires étaient trop considérables et la voix des obligataires se faisait difficilement entendre.

Une loi complémentaire du 5 décembre 1877 (1) a restreint ces pouvoirs et prescrit que, lorsqu'il s'agirait d'actes importants, le tribunal devrait réunir les créanciers en assemblée générale.

Dans cette assemblée, tout porteur de titre a le droit de présenter des observations qui sont nécessairement prises en considération et consignées au procès-verbal de la réunion. Il est ensuite procédé à la désignation, par voie d'élection, de trois personnes de confiance et de trois suppléants, chargés d'entrer plus directement en relations avec le curateur, d'examiner toutes pièces et de se faire mettre au courant de la liquidation, le cas échéant.

Ces mandataires peuvent attaquer directement les décisions du curateur ou convoquer d'office une nouvelle assemblée des créanciers pour les leur soumettre. Chaque membre de l'assemblée peut alors mettre en cause le curateur ou attaquer ses actes.

Les décisions du curateur ou l'homologation de ces décisions, lorsque cette homologation est nécessaire d'après les lois ordinaires sur la curatelle (2), doivent être rendues publiques et

(1) *Reichgesetzblatt*, n° 111; *Haberer Eisenbahnrecht*, p. 154.

(2) Haberer cite parmi les actes soumis à l'homologation : la concession

signifiées à chaque possesseur de titres, pour les mettre en mesure d'user contre ces décisions des moyens de recours que leur offre la loi (action en nullité, en rescision, etc.).

On voit donc, sans entrer dans de plus amples détails, que, par une heureuse combinaison des principes que régissent chez nous les associations d'obligataires avec le droit d'imposer cette représentation qui découle de l'autorité législative, la loi autrichienne paraît avoir résolu le problème de la représentation des créanciers au mieux des intérêts de ceux-ci.

La loi suisse n'a certes pas été aussi claire ni aussi méthodique dans l'organisation de la représentation des créanciers, bien qu'elle reconnaisse formellement le caractère d'unité que présente l'emprunt hypothécaire vis-à-vis des Compagnies de chemin de fer (1). Les commentateurs de la loi Fédérale du 24 juin 1874 (2) se sont plaints de ce manque de logique, non sans quelque raison (3).

La représentation des créanciers n'apparaît pas, en effet, jusqu'à la liquidation, et même à ce moment l'organisation de cette représentation présente de graves inconvénients.

Que l'octroi des garanties hypothécaires soit contemporain de l'emprunt, ou qu'il lui soit postérieur, la loi statue de la même façon. Elle n'a pas pensé qu'une acceptation de la sûreté fût jamais nécessaire, ou que les conditions de l'établissement d'une hypothèque postérieurement à l'émission puissent être discutées entre la Compagnie et les obligataires; elle n'a investi personne du pouvoir de prendre les mesures nécessaires à la conservation des sûretés accordées. Le législateur a pensé qu'il avait suffisamment paré à ces nécessités, en organisant les recours individuels

d'un délai, la renonciation totale ou partielle au paiement d'un coupon, la concession d'une préférence à un tiers créancier....., etc..., Haberer, *Eisenbahnrecht. Von dem Obligationenrechte der Eisenbahnen*, p. 141 et suiv.

(1) Loi du 24 juin 1874, art. 4 : Tout emprunt hypothécaire, lors même qu'il se divise en obligations partielles, constitue une créance unique.

(2) *Rec. off. des lois fédérales*, t. I, p. 103, *Annuaire de législation étrangère*, IV, p. 480, 489, avec quelques notes de M. Vergé. Texte allemand dans la *Goldsch. Zeitschrift für Handelsrecht*, XXI, p. 426, 434.

(3) Secrétan, *De l'hypothèque sur les chemins de fer*, p. 184 et suiv.

aux moyens d'une procédure d'opposition réglementée avec minutie, ou bien encore en faisant dépendre le rang de l'hypothèque de l'autorisation du conseil fédéral, au lieu de le faire dépendre d'une inscription confiée à un tiers. La date de l'inscription n'établissant plus la préférence, il était en effet moins illogique de charger la Compagnie emprunteuse elle-même d'accomplir cette formalité, sous la surveillance de l'État, et de déclarer qu'elle serait accomplie préalablement à l'emprunt lui-même (1).

La première centralisation des droits des prêteurs se manifeste par l'assemblée générale des porteurs de titres, convoquée à l'effet de déterminer si la demande en liquidation devra être poursuivie. La décision est prise à la majorité des sommes représentées.

Si la liquidation intervient après les délais légaux et sous l'homologation du tribunal fédéral, toute la procédure se concentre aux mains d'un liquidateur nommé par ce tribunal et qui procède sous son contrôle. Cette nomination peut, du reste, comme tous les actes du liquidateur, faire l'objet de réclamations qui doivent se manifester dans les délais et sous les formes prescrites par l'art. 21 et suiv. de la loi... Les choses se passent à peu près comme pour notre syndic de faillite, mais alors que nous dénions au syndic le droit de représenter les obligataires soustraits par la présence de droits spéciaux à la nécessité du concours, la loi suisse reconnaît formellement ce droit au liquidateur.

On voit combien cette organisation peut présenter de dangers : le liquidateur ne représente pas seulement les créanciers d'un emprunt, il représente l'ensemble des créanciers d'ordre hypothécaire différent, ou même les créanciers simplement chirographaires, c'est-à-dire des catégories de créanciers ayant des intérêts opposés. Cet inconvénient n'est nullement pallié par le recours individuel laissé aux créanciers, car ces recours individuels peuvent arriver à l'obstruction de la procédure et ressusciter tous les inconvénients résultant d'un défaut de représenta-

(1) Arrêté du 22 janv. 1879 sur l'exécution de la loi et l'établissement des registres. *Rec. off.* nouv. Série, t. IV, p. 10.

tion. En autorisant ces oppositions, on sacrifie les intérêts mêmes des obligataires que l'on voulait sauvegarder.

D'autre part, les recours des créanciers sont portés au tribunal sous le contrôle et les conseils duquel le liquidateur exerce ses fonctions. Il peut donc arriver que certaines décisions du liquidateur fassent l'objet de procès, alors que le liquidateur avait demandé, sur le point en litige, des instructions au tribunal... Quelles garanties peut présenter aux parties en cause un jugement intervenu dans ces conditions?

Aussi faut-il souhaiter que la loi suisse rentre plus franchement dans la voie tracée par l'Autriche-Hongrie, révise les dispositions de sa loi et les complète.

En dehors de cette revision et pour ce qui est du droit actuel, il serait à désirer, suivant le conseil que donnait M. Russemberger aux obligataires des chemins de fer de Berne-Lucerne (1), que l'on organisât plus fréquemment des comités pour s'entendre avec le liquidateur.

Parmi les causes qui tendent le plus à discréditer sur le marché européen les obligations hypothécaires des chemins de fer espagnols, l'une des plus importantes est sans contredit l'absence d'une représentation suffisante des obligataires. Si l'absence de cette représentation se conçoit difficilement pour les obligations chirographaires, nous avons vu combien plus encore il était difficile de s'en passer lorsque ces obligations étaient garanties par des sûretés réelles et privilégiées. Pourtant, quelque usage et même quelque abus que les chemins de fer espagnols aient fait de l'hypothèque, il a fallu arriver au nouveau Code de commerce espagnol promulgué le 1er janvier 1886, pour trouver, sinon une représentation parfaite de chaque catégorie de créanciers d'emprunts différents, du moins un contrôle quelconque exercé par leurs mandataires. Encore ces dispositions n'interviennent-elles qu'au moment de la faillite et n'ont-elles d'effet que relativement à la liquidation du fonds social et la répartition de l'actif.

(1) Rapport de la liquidation du chemin de fer de Berne-Lucerne, p. 233 et p. 234. *Feuille fédérale*, 1879, t. II, p. 203.

L'hypothèque devant être inscrite sur les registres fonciers préalablement à l'émission des obligations qu'elle garantit, ces formalités ne nécessitent point un représentant pour conserver et accepter les droits réels; l'inscription tendant à la conservation du droit est requise par la Société elle-même; mais c'est au moment où la Société commence à être au-dessous de ses affaires, que nous cherchons vainement l'organisation d'un représentant pour chaque emprunt d'ordre différent. Tout porteur non payé peut actionner la Compagnie débitrice afin de lui faire dresser son bilan (1) et, le cas échéant, provoquer la faillite, sans que l'opportunité de cette mesure radicale puisse être seulement discutée, alors même que cette faillite est peut-être l'éventualité la plus défavorable aux intérêts de la masse.

Lorsque sur la demande d'un ou plusieurs créanciers, le mauvais état des affaires de la Compagnie est judiciairement établi et fait présager la faillite, les créanciers sont divisés en trois groupes : le premier comprend les créanciers pour travaux exécutés pour la Compagnie, et les créanciers pour fait d'expropriation s'ils n'ont pas encore été payés; le second comprend les créanciers hypothécaires et se divise en autant de sous-groupes qu'il y a d'émissions différentes d'obligations; dans le troisième, rentrent tous les autres créanciers de la Compagnie. Mais ces groupes ne constituent à aucun titre des êtres moraux, leur organisation n'est faite que pour faciliter la présentation et l'adoption

(1) Deux procédures sont ouvertes aux créanciers en Espagne, pour faire valoir leurs droits contre leurs débiteurs, la procédure ordinaire et la procédure exécutive. Cette dernière, plus rapide que la première, est organisée par le titre I, section Ire, de la loi de 1887 de Procédure civile *(Enjuiciamento civil)*. Elle n'appartient qu'aux créances ayant une exécution propre (*aparyada execusion*) c'est-à-dire jouissant du caractère exécutoire. Or, ce bénéfice est attaché aux obligations amorties et aux coupons échus, (art. 2 et 6 de la loi du 12 nov. 1869, *Coleccion Legislativa de España*, t. CII, n° 800, p. 755 et suiv.).

Cette procédure s'exerce sur les revenus liquides des Compagnies. Si ces revenus sont insuffisants et si la Compagnie, hors d'état de payer, n'use pas de la faculté qu'elle a de déposer son bilan (art. 930 du Code de commerce), tout créancier *légitime* peut provoquer la faillite. (art. 930, § 2 et 933 du même Code).

d'un concordat. Les créanciers dans chaque groupe votent suivant les lois ordinaires de la faillite.

Si la faillite intervient, il y a lieu à nomination d'un conseil de surveillance « consejo de incautation » qui a pour mission de continuer l'exploitation et sauvegarder les droits de tous les créanciers. Ce conseil se compose, aux termes de l'art. 939 du Code de commerce : d'un président nommé par le gouvernement ou la corporation de qui émane la concession, de deux membres nommés par la Compagnie ou l'entreprise, d'un membre désigné par chacun des groupes ou chacune des sections de créanciers et de trois membres choisis à la majorité relative de tous les créanciers.

Ce conseil organise seulement l'administration provisoire et prépare la vente aux enchères. Les créanciers, dans tous ces actes si importants de liquidation, ne peuvent faire entendre leur voix, et comme à raison de l'état de faillite de la Compagnie débitrice les poursuites individuelles sont suspendues, leur situation devient assez précaire.

La nomination par eux de certains membres du « consejo de incautation » n'apporte aucune garantie sérieuse aux porteurs de titres, étant donnés la nature et les pouvoirs de ce conseil. Les membres nommés n'ont aucun pouvoir de décision, mais seulement une voix consultative... les mêmes mandataires représentent ou peuvent représenter des créanciers ayant des intérêts opposés... enfin ils n'ont aucun mandat formel comme aucune responsabilité vis-à-vis des groupes qu'ils représentent.

L'Espagne est donc encore sous l'empire du droit individuel, elle n'a pas songé à organiser une représentation légale des créanciers, à leur donner les moyens d'être consultés sur leurs intérêts (1). Cet inconvénient, peu grave jusqu'à la faillite, ne présentera pas d'autres dangers, si la suspension de paiements

(1) Néanmoins nous pouvons signaler un projet de Syndicat des obligataires du Nord de l'Espagne qui tend à se former en France, comme nous l'avons vu pour la Compagnies des chemins de fer de la Province de Santa Fé (*Revue économique et financière*, 11 mai, p. 352). On ne peut prévoir le sort de cette représentation organisée en dehors des lois espagnoles, sinon contre elles; mais elle est la preuve d'un malaise sensible et qui ne peut qu'augmenter.

se termine par un concordat soumis au vote de tous les créanciers; mais on peut se demander ce qui se produirait si, la faillite prononcée, les choses devaient en venir à la réalisation du gage par la vente aux enchères.

Les Etats-Unis d'Amérique ont, dès l'origine de leurs chemins de fer, aplani d'une façon aussi naturelle qu'originale les difficultés que faisait naître la multiplicité des souscripteurs d'une émission d'obligations.

Puisque l'emprunt ne constituait qu'une seule dette, il a paru logique aux Compagnies de n'avoir à faire qu'à un seul créancier.

Il arrive très rarement, en Amérique, qu'une société désireuse de se procurer de l'argent par voie d'émission d'obligations, les émette elle-même. Ordinairement elle charge de l'émission soit un banquier unique, soit un syndicat de banquiers; mais entre la société et celui qui émet les obligations, se place un intermédiaire qui reçoit les titres des mains de la société et leur valeur de la maison d'émission, échange ceci contre cela. C'est le *trustee* qui joue ce rôle (1).

Dans son traité sur les obligations hypothécaires (2) Jones exprime ainsi la raison d'être des *trustees*. « Les hypothèques, dit-il, sont presque invariablement constituées sous la forme de *trustee deeds*. L'intervention des *trustees*, pour prendre et conserver le titre hypothécaire au bénéfice des créanciers garantis, et pour les représenter tous dans les matières importantes ayant rapport avec le gage, est presque, sinon complètement, une nécessité pour les obligations hypothécaires. »

« Les porteurs de titres ainsi gagés sont nombreux et répandus par tout le monde... les titres eux-mêmes sont rendus négociables, de disposition facile, en bourse ou autrement. Comment la Compagnie débitrice pourrait-elle rentrer en rapport avec des réanciers qui changent aussi souvent, si ces créanciers n'étaient censés avoir été parties originaires au contrat par l'intermédiaire

(1) Voir *Kempin dans Kohler et Ring. Archiv für bürgerliches Recht*, t. VII, p. 340. — *Mortgage et Mortagage bonds*, par Paul Holdeim. *(Annales du Droit commercial français, étranger et international, 1895.)*

(2) Jones, *Corporate Bonds and Mortgage*, p. 341-382.

du *trustee* qui a traité pour eux au début même de l'emprunt (1)? Aussi la société contracte-t-elle avec le *trustee*.

C'est lui qui reçoit les sûretés affectées au service de l'emprunt et tous les documents portent son nom avant celui de l'obligataire. C'est au *trustee* qu'il appartient de déclarer sur les titres (*bonds*) que l'émission a eu lieu conformément aux règles d'un contrat certain, et, comme le *trustee* a seul contracté avec la société, on doit, sur toutes les questions de bonne foi, s'en rapporter à ce que le *trustee* en a connu ou pu en connaître. Ainsi les questions relatives à l'étendue du nantissement, aux droits des tiers relativement à leur gage, doivent se déterminer d'après ce que le *trustee* aura pu savoir.

Ce que le *trustee* sait, tout porteur est censé le savoir.

La responsabilité des *trustees* est engagée légalement vis-à-vis des obligataires pour le compte desquels ils ont agi, dans les termes du mandat de bonne foi; par contre, ces *trustees* doivent être désintéressés de toutes leurs impenses, non seulement par privilège sur les résultats de l'hypothèque dont ils sont les vrais titulaires, mais, au besoin, par une action directe contre les porteurs dont ils ont géré le patrimoine.

Le *trustee* se trouvant souscripteur originaire et pour le compte des porteurs, le droit réel qui garantit la créance persiste à demeurer sur sa tête durant tout le cours de l'emprunt et jusqu'à son remboursement, c'est ce qui explique qu'il est d'usage de conférer le gage à plusieurs *trustees* conjointement, de façon qu'à la mort de l'un d'eux, son droit sur le gage ne passe pas à ses héritiers mais aux survivants. Ce droit n'est pas affecté, du reste, par les dispositions des statuts relatifs a la cessation de l'indivision des propriétés... l'indivision étant un but voulu, il ne saurait dépendre même de la volonté des *trustees* d'en sortir (2).

Plus récemment, afin d'éviter les complications pouvant résulter du décès des *trustees*, les Compagnies ont choisi comme

(1) *Id.*, p. 385-395. Voir encore : Leonard. A Jones, *A Treatise of the Law of Railroad*, Boston 1873; Isaac Redfield, *The Law of railways*, Boston 1873; Francis Hilliard, *The Law of mortgages*, Boston 1853, et les textes de reconnaissance de *mortgages*.

(2) Jones, p. 143.

gardien des droits des porteurs l'une des caisses de dépôt et consignations connues aux États-Unis sous le nom de *Trust Companies* (1). D'autres Compagnies se sont formées, du reste, dans le but de jouer le rôle de *trustees*.

Il y a quelques variantes sur le fonctionnement des *trustees*. La nature de leur mandat en matière d'hypothèque ne dépend pas seulement des termes de l'acte d'hypothèque, mais du rapport qui existe entre la partie débitrice elle-même et la condition de la propriété mise en gage... comme ce rapport change suivant les états, les obligations des *trustees* doivent changer aussi.

Les statuts des États prévoient souvent d'une façon plus ou moins complète les droits des *trustees* sur le *mortgage* et les mesures à prendre pour leur remplacement périodique et accidentel; ils organisent aussi les droits et les devoirs des *trustees* et épargnent aux parties contractantes l'obligation de les prévoir pour chaque cas. Aussi se réfère-t-on, quand ils existent, à ces statuts qui sont des parties essentielles et importantes des lois sur les hypothèques des chemins de fer dans ces États.

Lors de l'émission, la tâche du *trustee* se borne à surveiller l'expédition régulière des sûretés accordées en garantie de l'emprunt, à contrôler l'exactitude et la régularité des pièces, à prendre les mesures nécessaires à la conservation des droits réels suivant les législations des pays traversés, à empêcher la diminution du gage.

Après l'émission, son rôle est donc plutôt nominal aussi longtemps que l'intérêt et l'amortissement des titres sont payés; pendant cette période le *trustee* est appelé *trustee dry* ou *nacked*.

Mais c'est à l'occasion de la liquidation que l'intervention de ces mandataires devient efficace.

Jones nous dit qu'à ce moment, et bien que ce *trustee* ne possède aucune partie de la dette hypothécaire qui ne lui a été reconnue que pour l'avantage des porteurs, il devient la véritable partie dans l'action et la procédure de vente; il détient le titre

(1) Ces banques sont des banques de dépôt, établissements de la plus grande solidité, soumises au contrôle de l'Etat. — *Mortgage et Mortgage bonds* par Paul Holdhein, p. 3 et suiv.

exécutoire, et il est revêtu par la loi du pouvoir d'agir en recouvrement pour les porteurs de titres. Cette action, il peut l'intenter quel que soit le nombre des mandants, et sans être tenu de mettre d'accord tous ceux pour le bénéfice desquels il agit. Son mandat lui donne les pouvoirs de transaction et d'atermoiment les plus étendus.

Il est bien délicat de dire jusqu'à quel point les obligataires conservent personnellement leur droit d'agir.

A l'ordinaire, dans les contrats de mortgage, les modifications apportées à l'exercice des actions hypothécaires, d'après le droit commun, sont stipulées comme conditions expresses de l'émission.

Les porteurs conservent généralement une action personnelle, pour poursuivre le paiement des intérêts promis et du capital exigible; mais l'action réelle, c'est-à-dire la réalisation du gage, est ordinairement refusée à chaque porteur pris isolément : elle est, en première ligne, attribuée au *trustee.*

Lorsque les porteurs de titres ont néanmoins engagé une procédure de réalisation d'hypothèque en dehors des *trustees*, ces derniers peuvent intervenir pour réclamer la qualité de défendeurs. Cette demande leur sera accordée s'il n'apparaît pas d'autre part que les *trustees* ont des intérêts contraires à ceux de leurs mandants et qu'ils ne sont pas de bonne foi.

Le *trustee* devient alors maître de la procédure et peut la continuer ou l'arrêter à son gré, car c'est lui qui plaide pour les porteurs dans toutes les instances relatives à leur gage, et le jugement rendu contre lui est opposable à tous les obligataires.

Le *trustee* doit se mettre en rapport avec les porteurs, puisqu'il agit dans leur intérêt. C'est une conséquence heureuse et naturelle de la bonne foi qui régit l'organisation de ces sortes de mandats. L'intervention du *trustee* est forcée lorsqu'elle est requise par un certain nombre de porteurs. Ce nombre varie avec les différents contrats de *mortgage;* d'ordinaire, une demande de la majorité des porteurs est nécessaire et suffisante; il faut, de plus, que le paiement des frais de justice soit garanti.

Si le *trustee* néglige ses devoirs, le droit individuel des por-

(1) Jones, § 361.

teurs revit de nouveau, et l'action hypothécaire peut être intentée, sans avoir égard au *trustee*, par un nombre plus ou moins grand de porteurs, qui varie avec les différentes lois en vigueur dans les Etats particuliers. De même que le *trustee* doit agir quand il est requis par un nombre de porteurs suffisant, de même il est tenu de se désister de toute poursuite sur la demande d'un certain nombre d'entre eux, nombre également et ordinairement égal à la majorité.

A un autre point de vue, l'ensemble des porteurs jouit encore de certains droits qui peuvent même être exercés par une partie d'entre eux seulement. Ces droits consistent dans la faculté de réclamer le paiement immédiat du capital, par déchéance du terme, quand le paiement des intérêts est en retard. Les cahiers de charges des emprunts déterminent de différentes manières le délai dont l'expiration donne la faculté de déclarer que le capital est exigible. Généralement, ce délai est de six mois. Au bout de ce temps, le *trustee* peut, à son gré, déclarer ou non l'exigibilité du capital; il y est tenu s'il en est requis par un certain nombre de porteurs (1); il peut également, sur les mêmes réquisitions, être forcé de revenir sur sa déclaration d'exigibilité du capital.

L'usage aux États Unis d'Amérique, aidé d'une sage jurisprudence, paraît avoir considérablement adouci les inconvénients qu'on aurait cru devoir résulter de la généralité et de l'irrévocabilité des pouvoirs des *trustees*. Ces inconvénients sont amplement compensés du reste par l'avantage qu'il y a à reconnaître le seul *trustee* comme créancier hypothécaire. On établit ainsi l'accord entre la nature des choses et les exigences du crédit. Alors que les législations diverses s'essaient à former l'être moral appelé à représenter les obligataires hypothécaires dans leurs rapports avec la Compagnie débitrice, les Américains ont trouvé plus simple de remplacer cette entité par une personne

(1) L'existence des *Trustees* n'empêche pas l'État, pour sauvegarder ses droits, de faire nommer par le tribunal au cas de faillite d'une Compagnie, un séquestre ou *receiver*. Le chemin de fer peut aussi être placé entre les mains de ces séquestres (*in to the hands of receivers*), à la demande des actionnaires. Bernard, *Les valeurs de chemins de fer aux Etats Unis*, 1885.

physique, dont les porteurs de titres ne sont en réalité que les ayant-cause.

Cette assimilation est souvent poussée si loin, que les intérêts des valeurs souscrites, comme le capital, sont payés, non pas aux porteurs que la Compagnie continue à ignorer comme tels, mais aux *trustees* qui les répartissent entre ces porteurs. On tend ainsi à faire disparaître tout rapport entre l'obligataire, même nominatif, et la Compagnie débitrice, pour ne laisser subsister que ceux entre la Compagnie et le *trustee* d'une part, entre le *trustee* et l'obligataire d'autre part.

Paris. — Imp. F. Pichon, 24, rue Soufflot.

www.ingramcontent.com/pod-product-compliance
Ingram Content Group UK Ltd.
Pitfield, Milton Keynes, MK11 3LW, UK
UKHW020431220726
13923UKWH00005B/2163